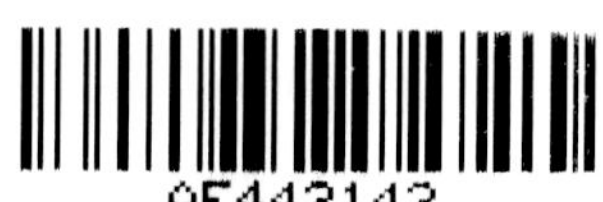

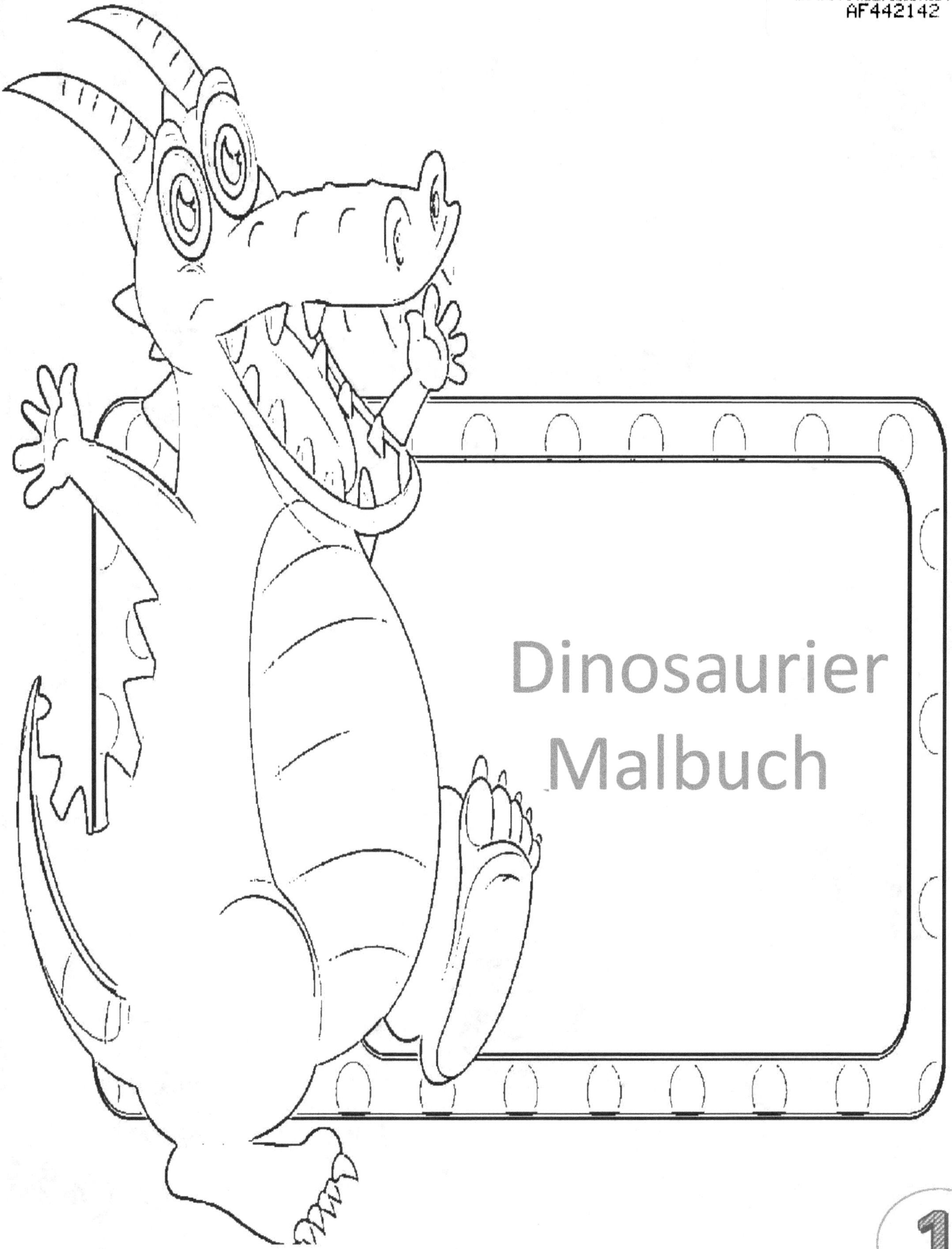

Dinosaurier Malbuch

1

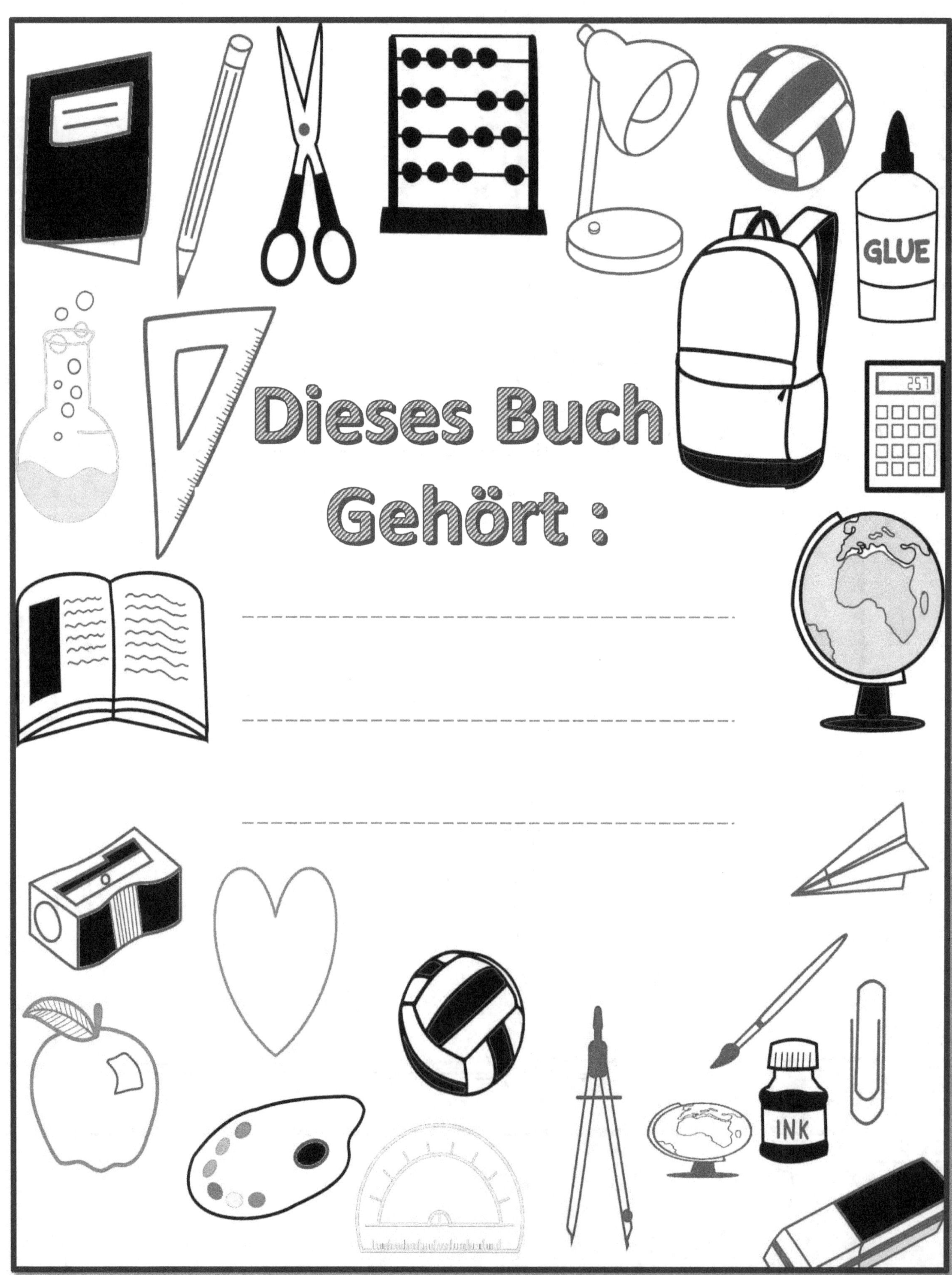
Dieses Buch
Gehört :

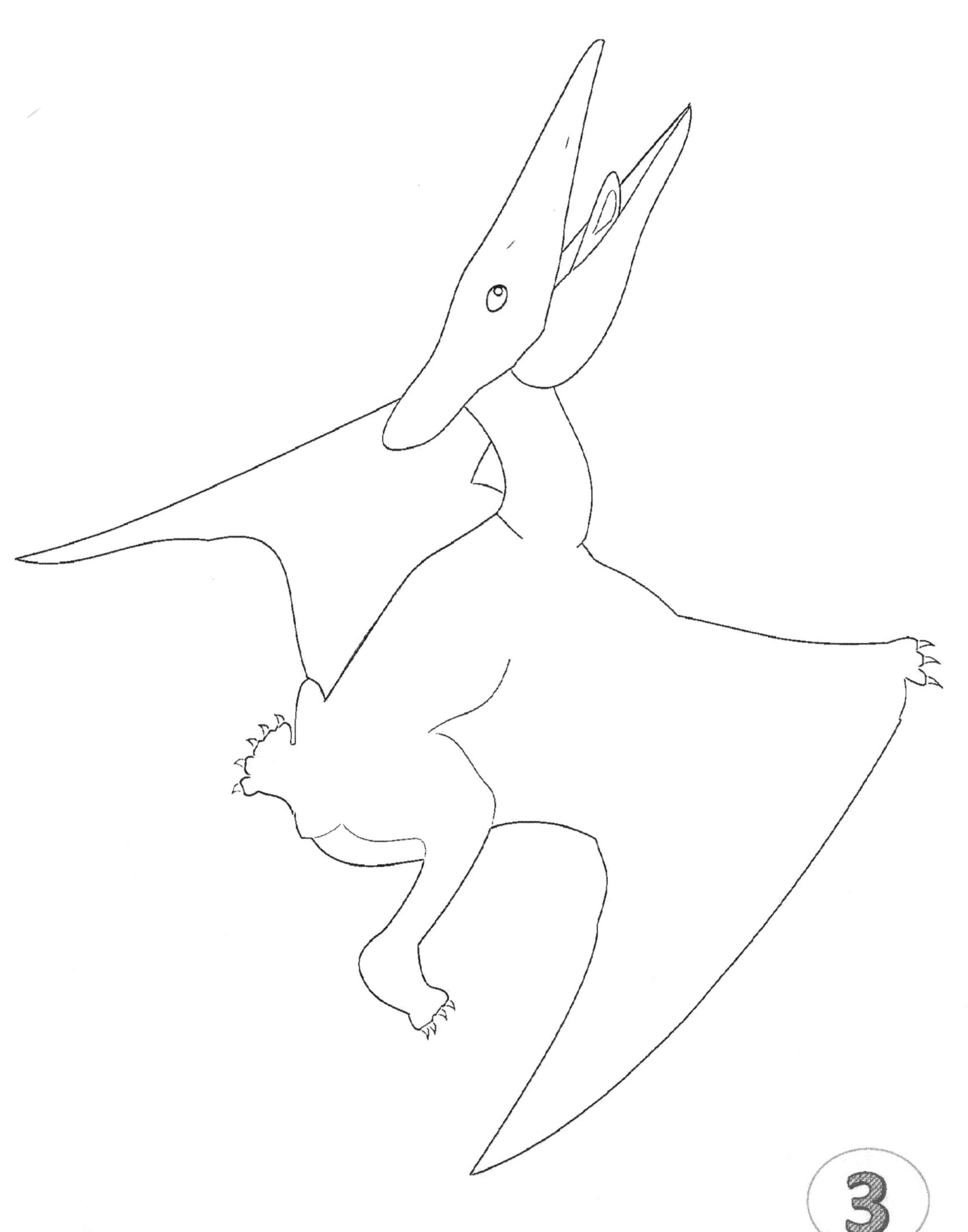

3

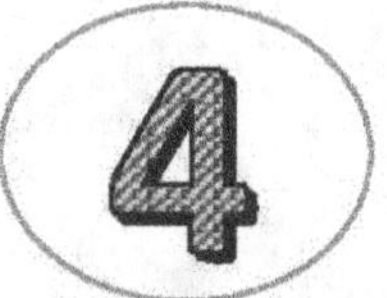

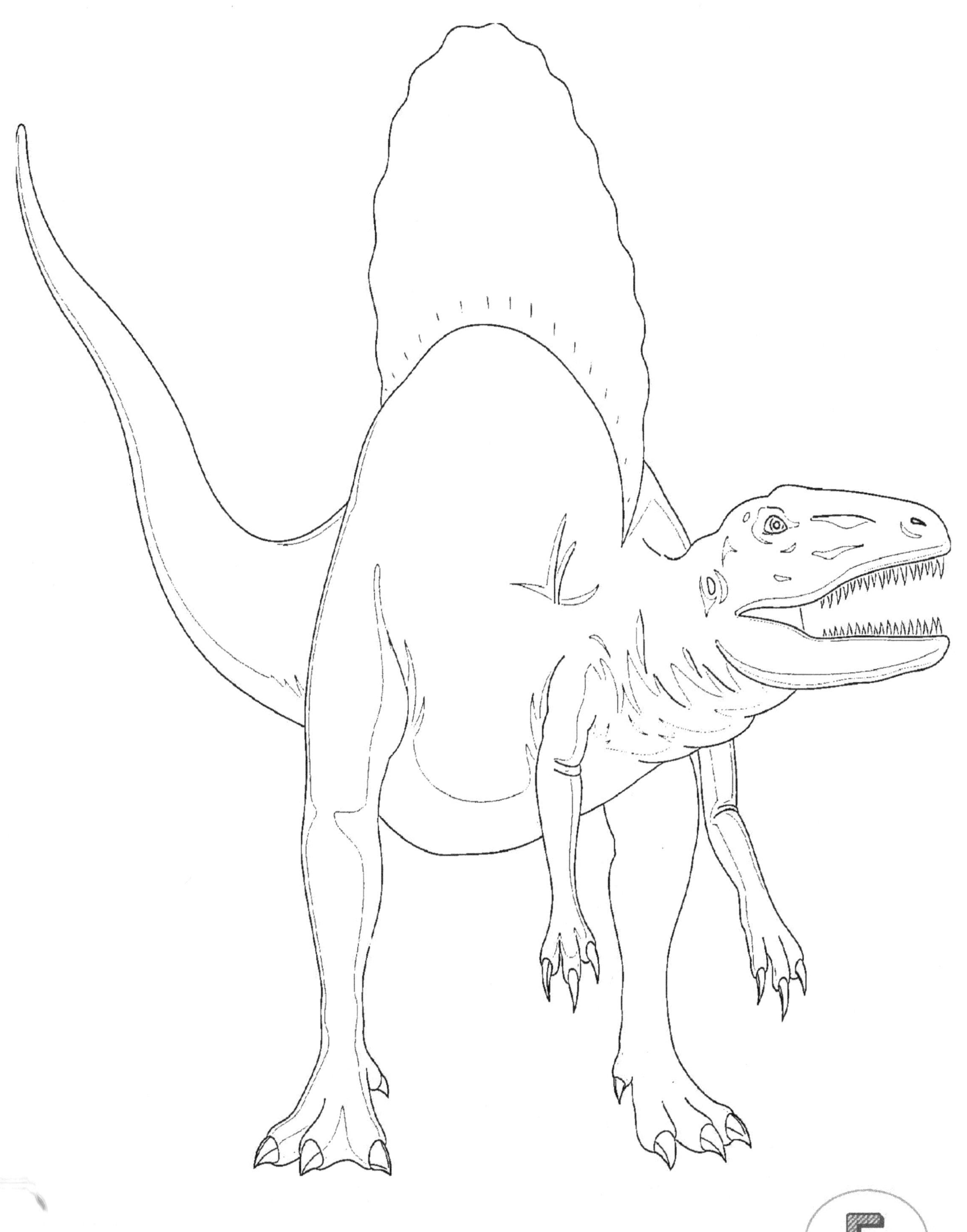

5

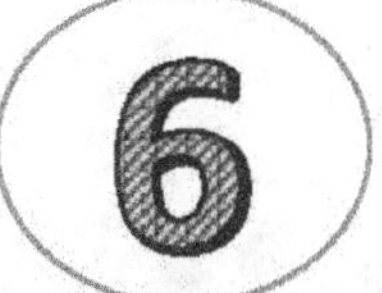

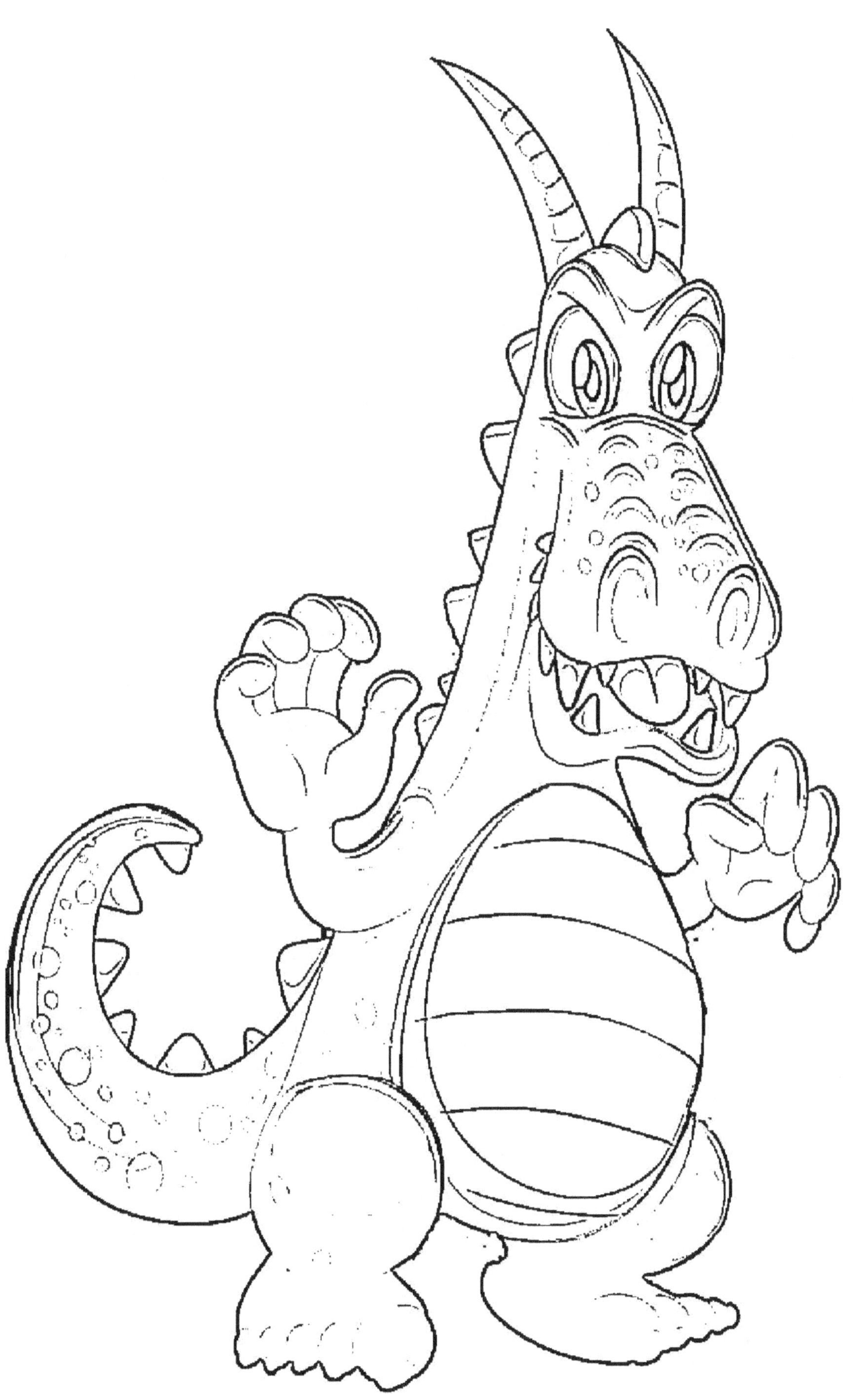

7

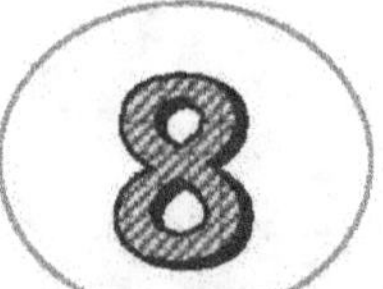

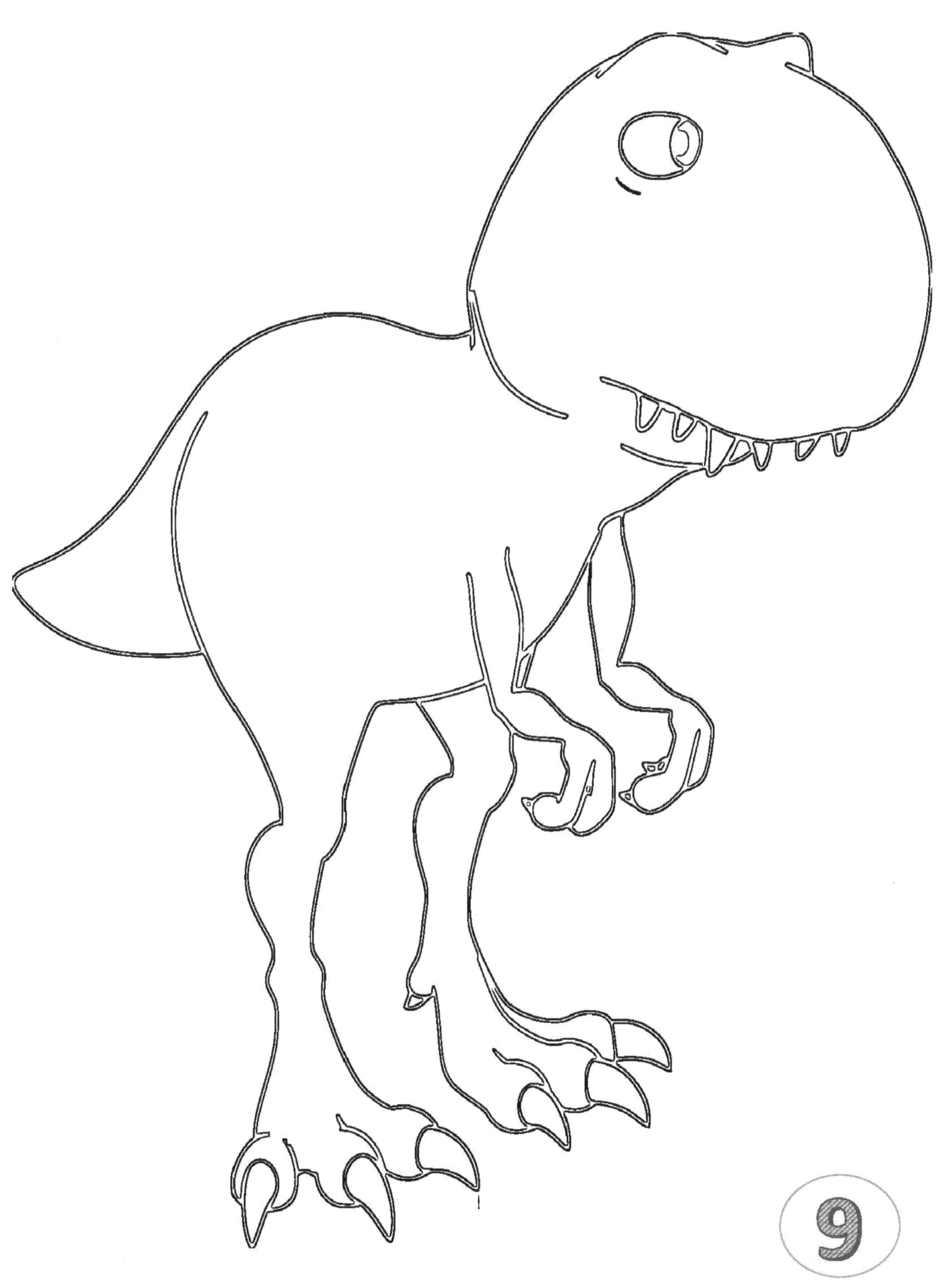

9

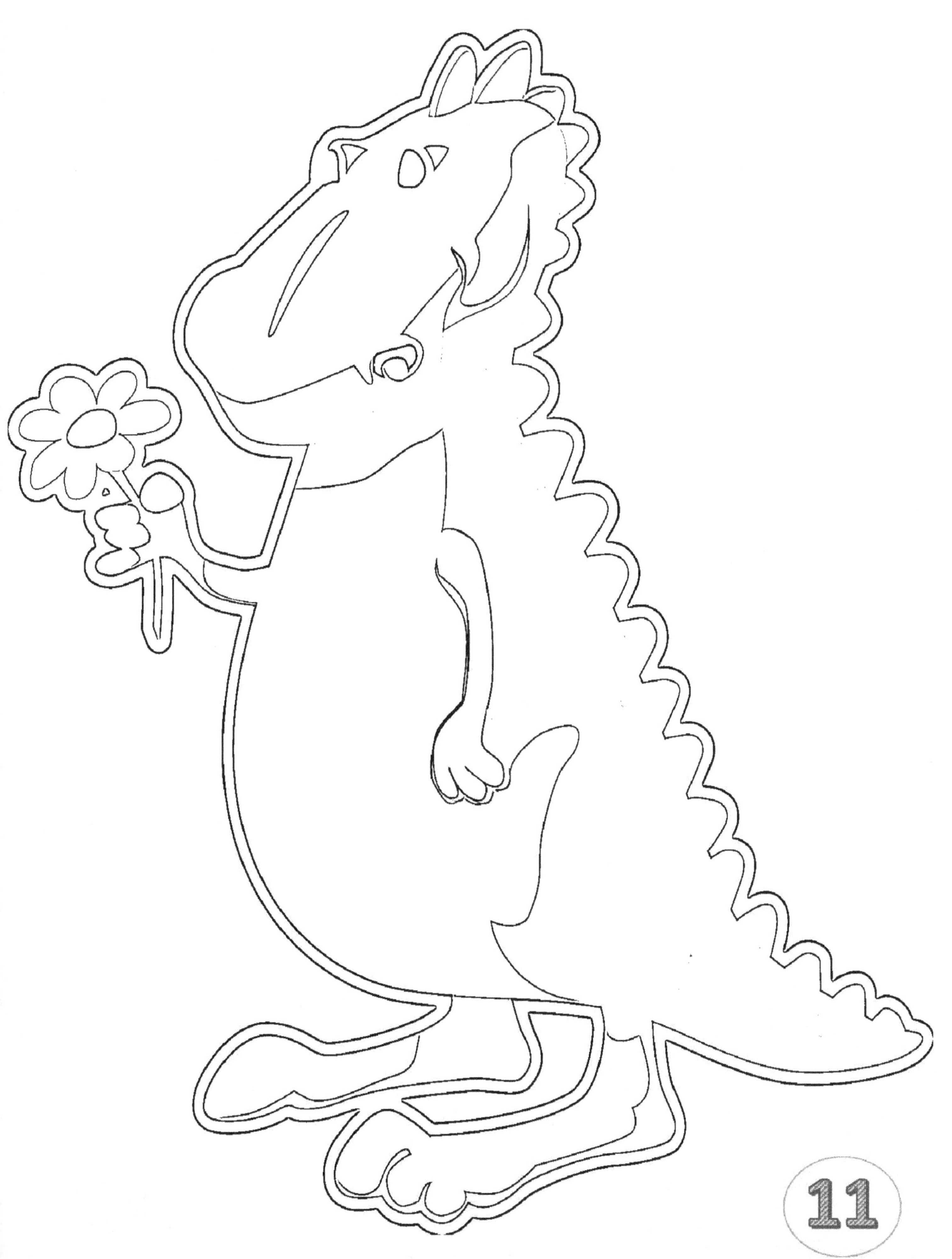

11

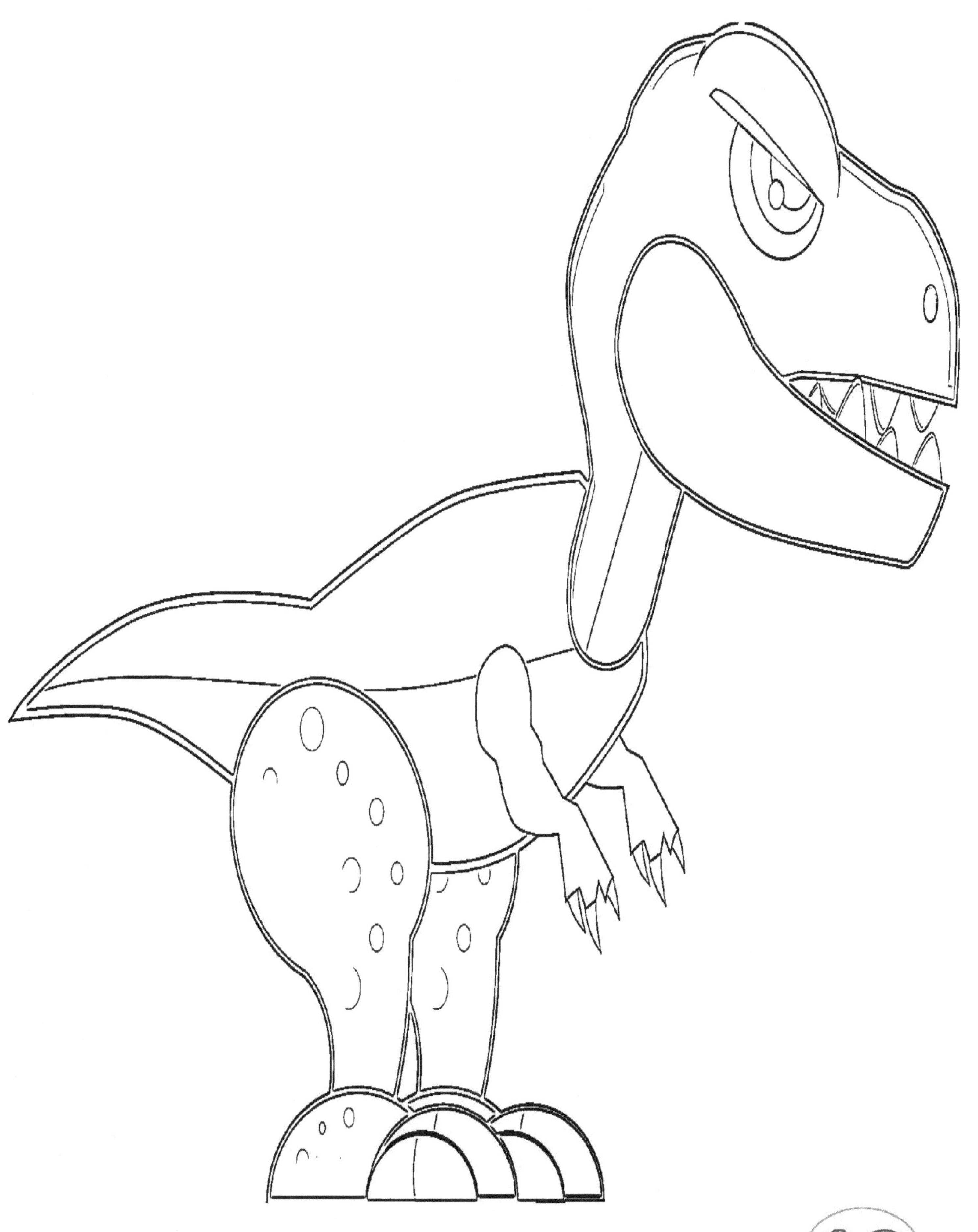
13

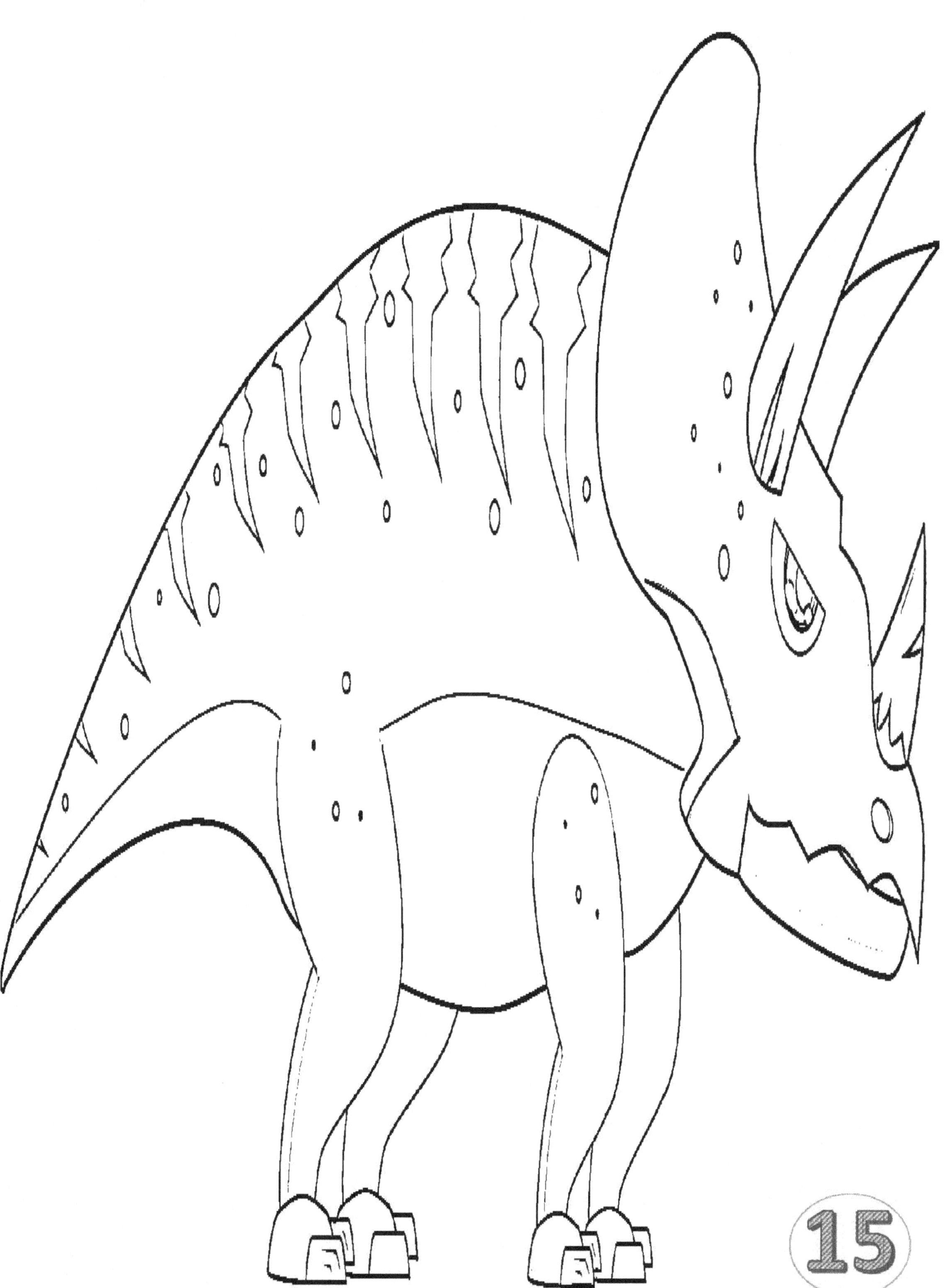

15

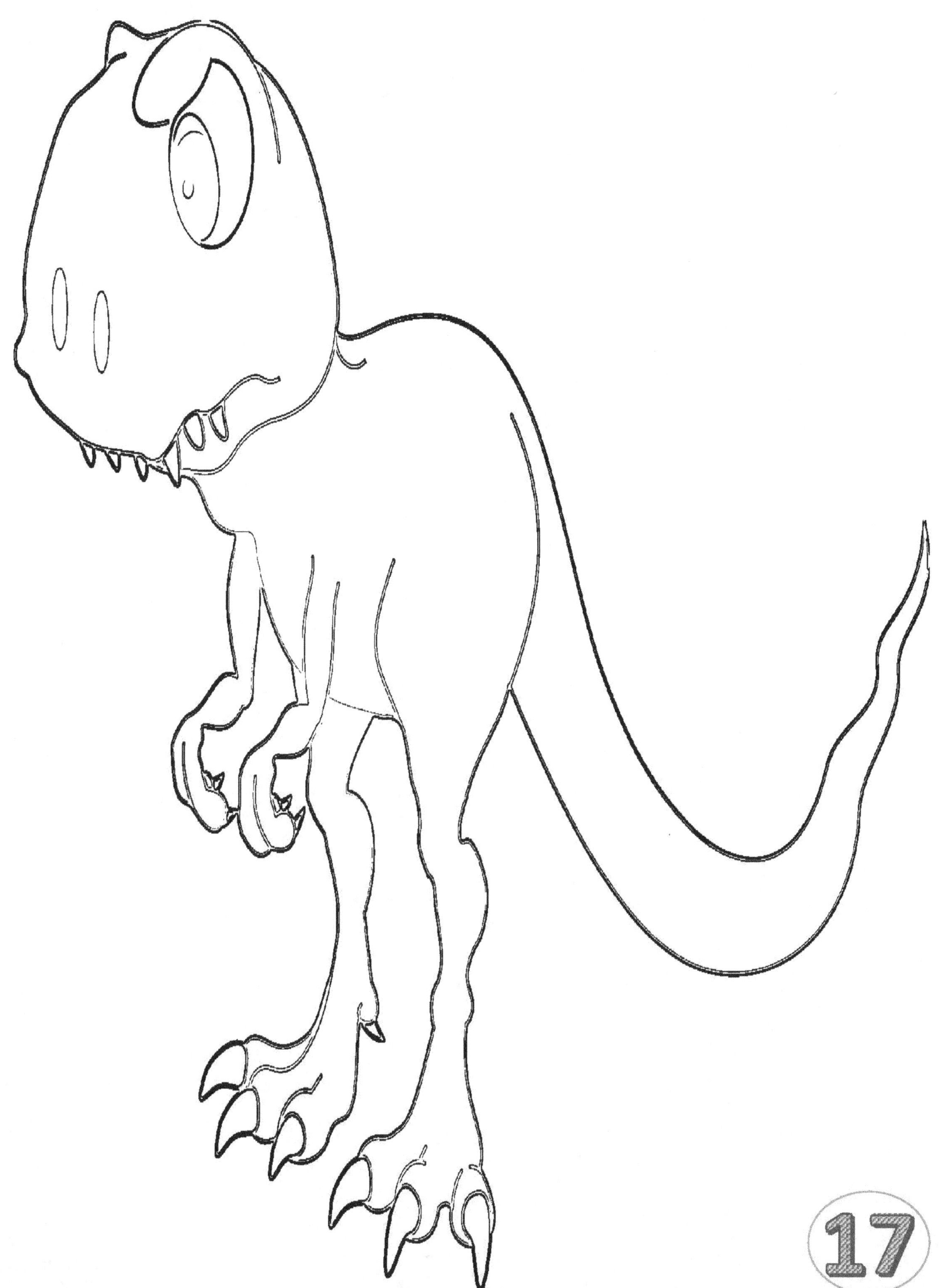

17

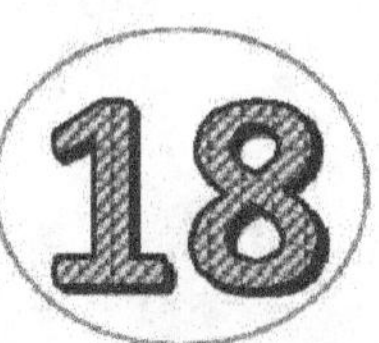

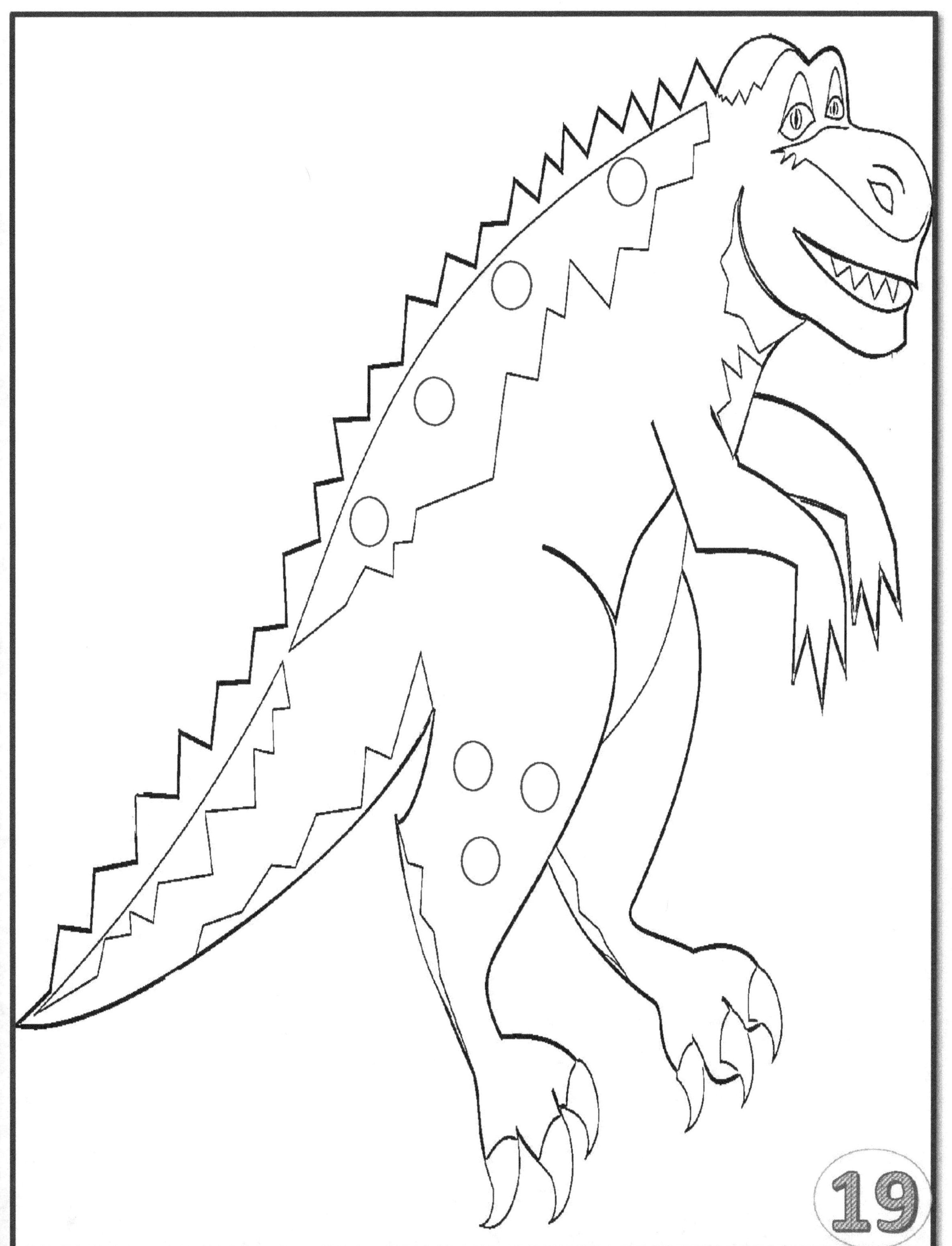

19

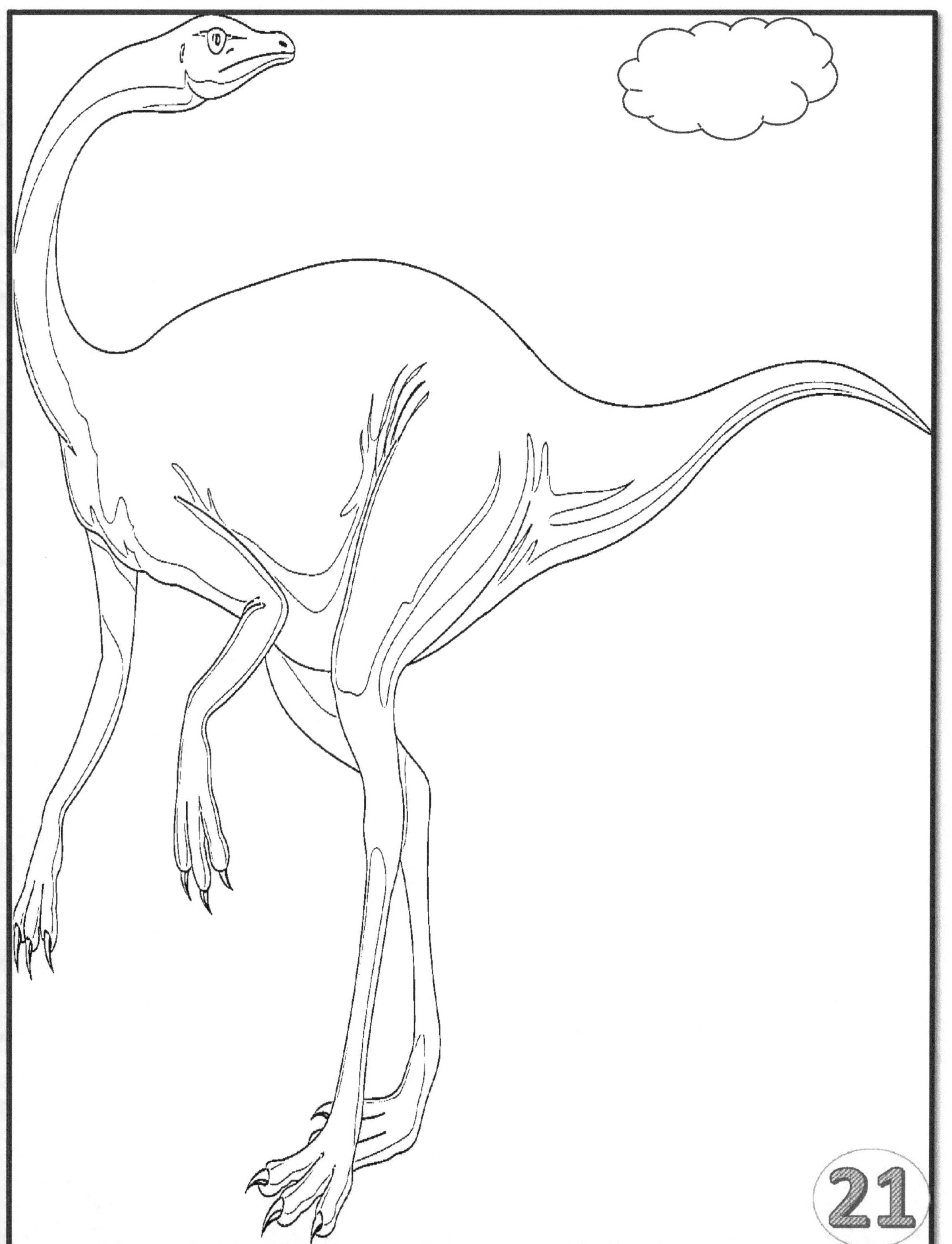
21

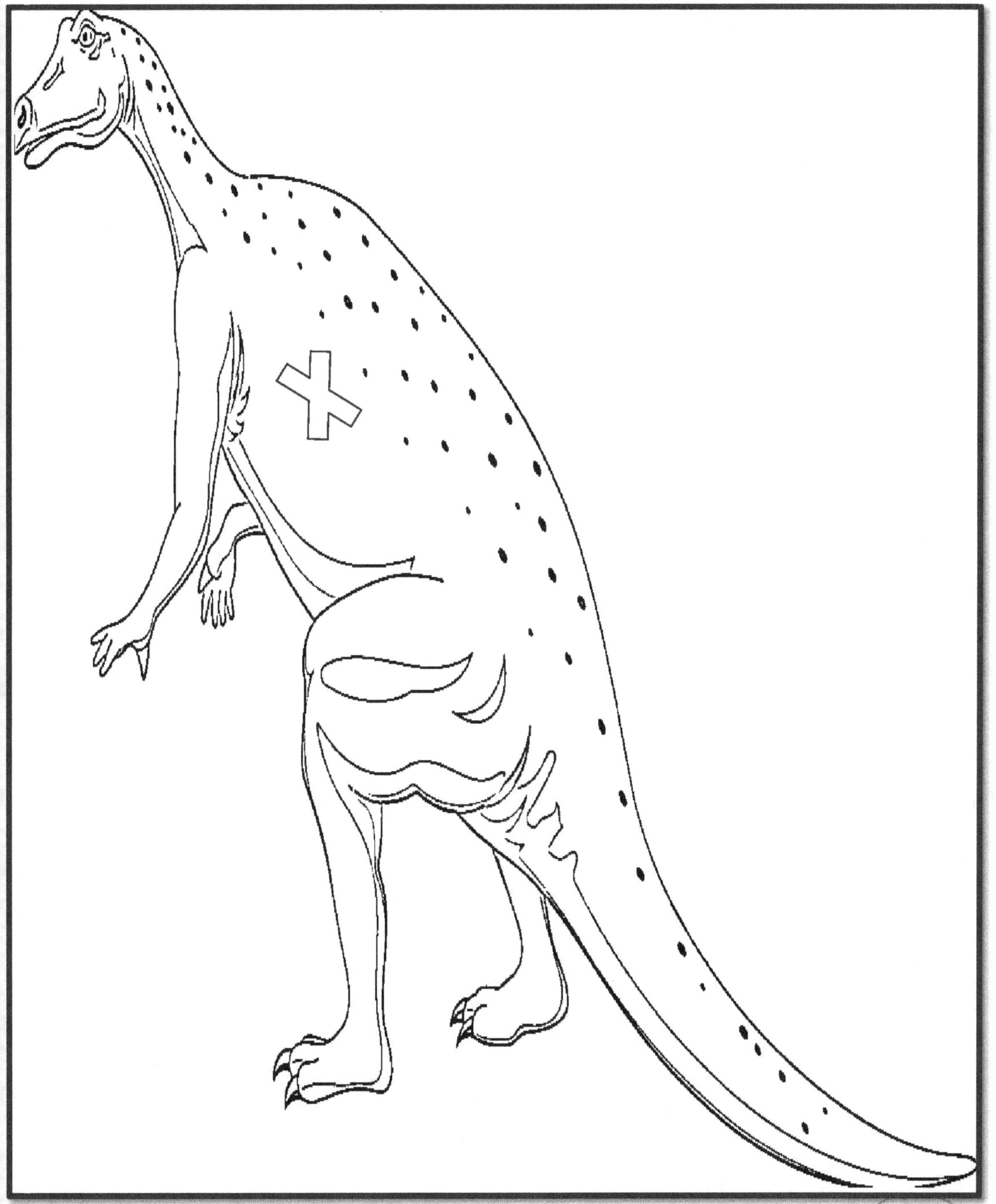

23

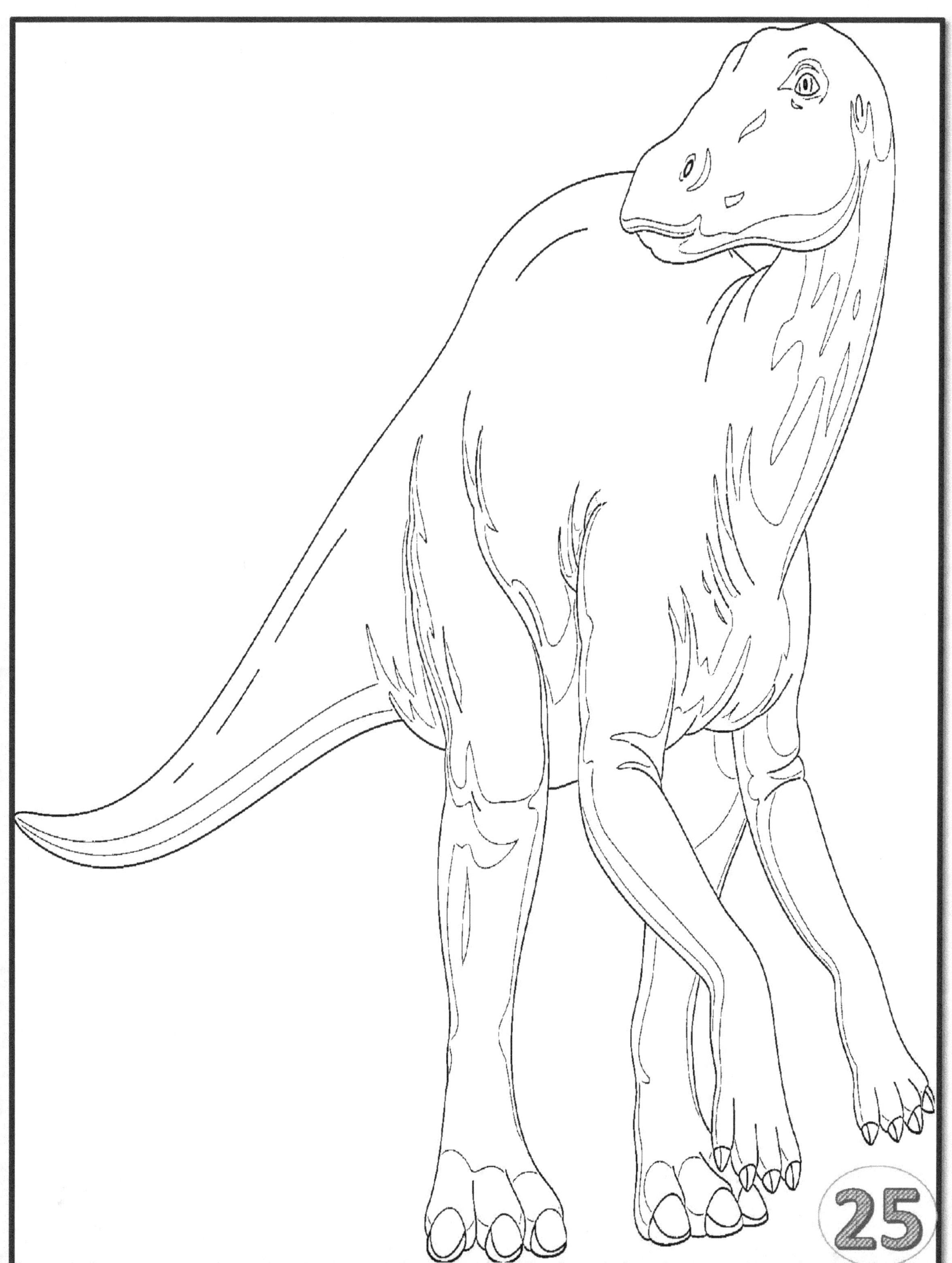
25

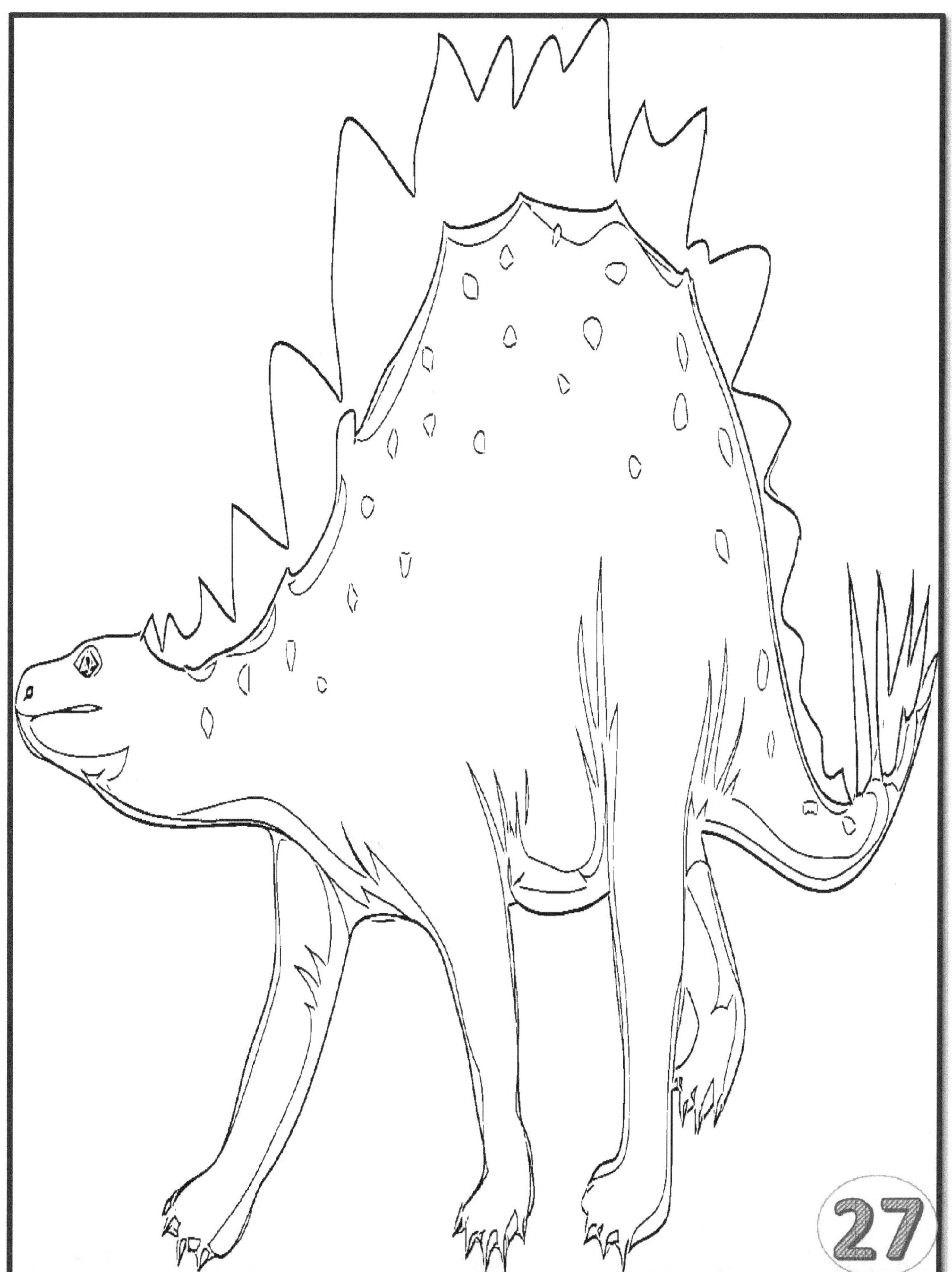

27

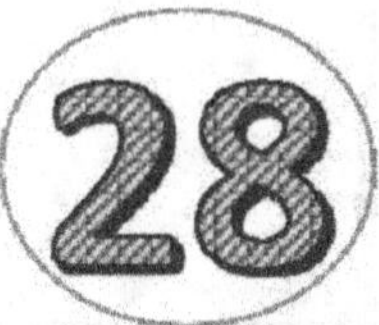

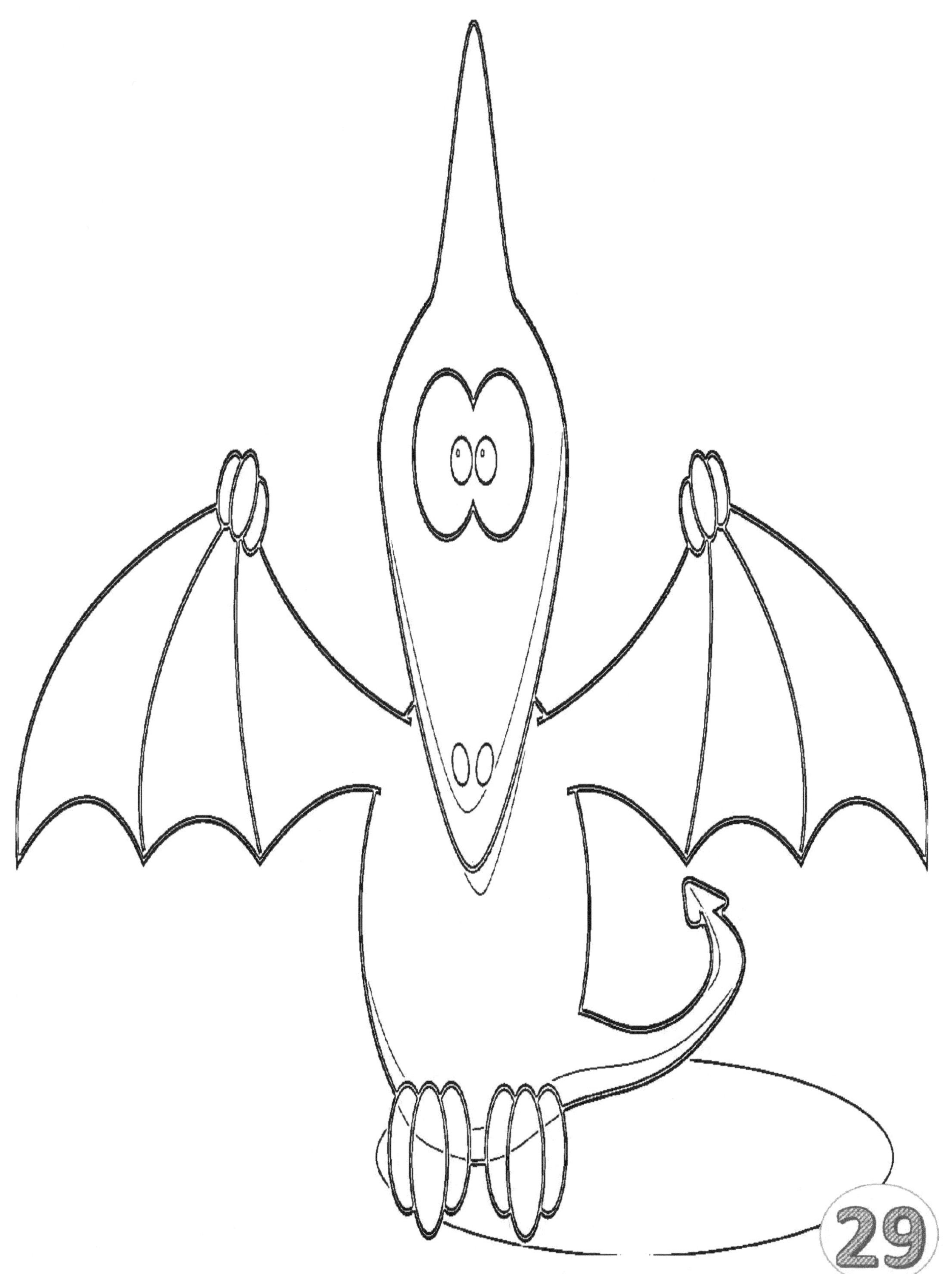

29

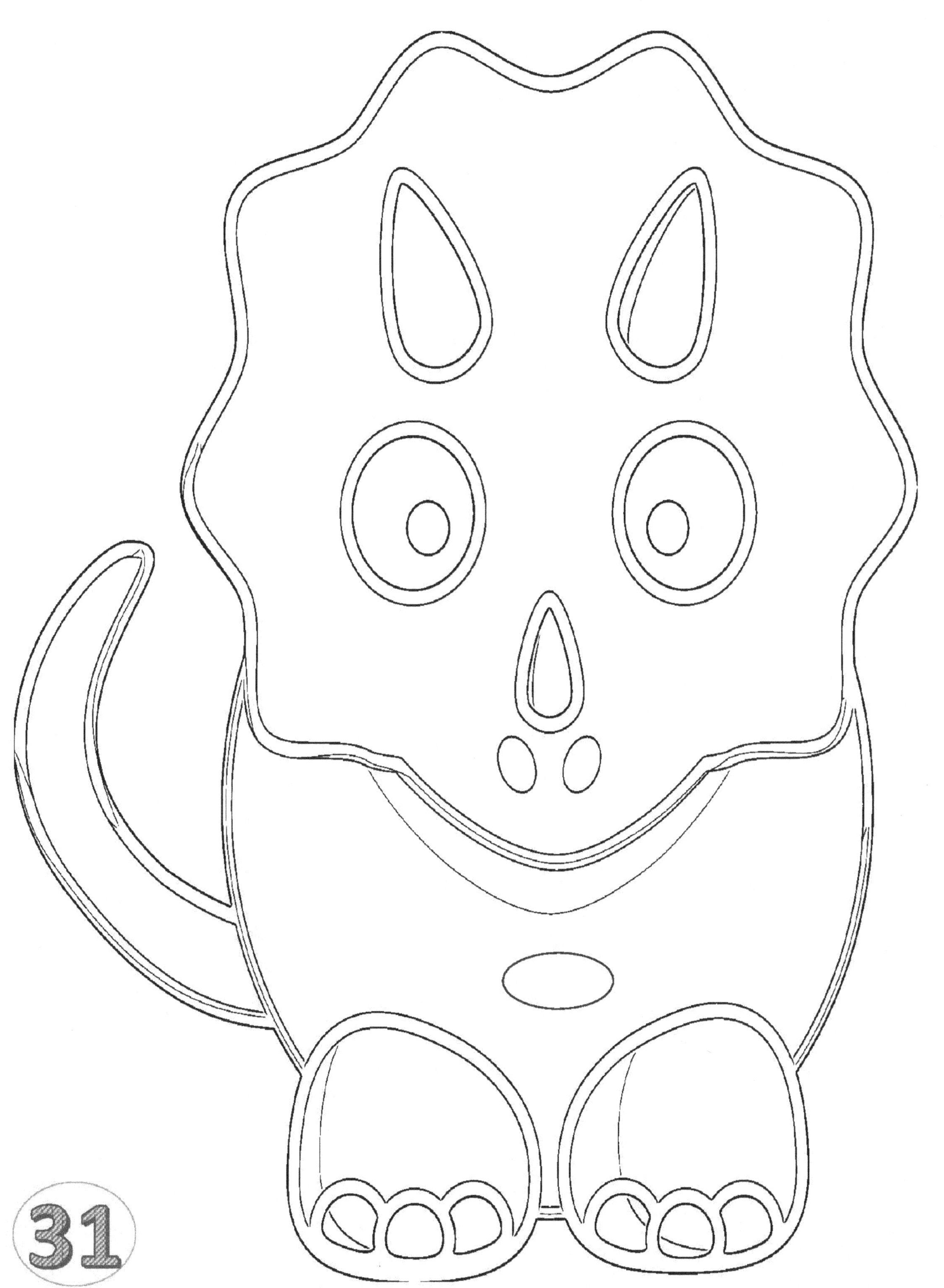

31

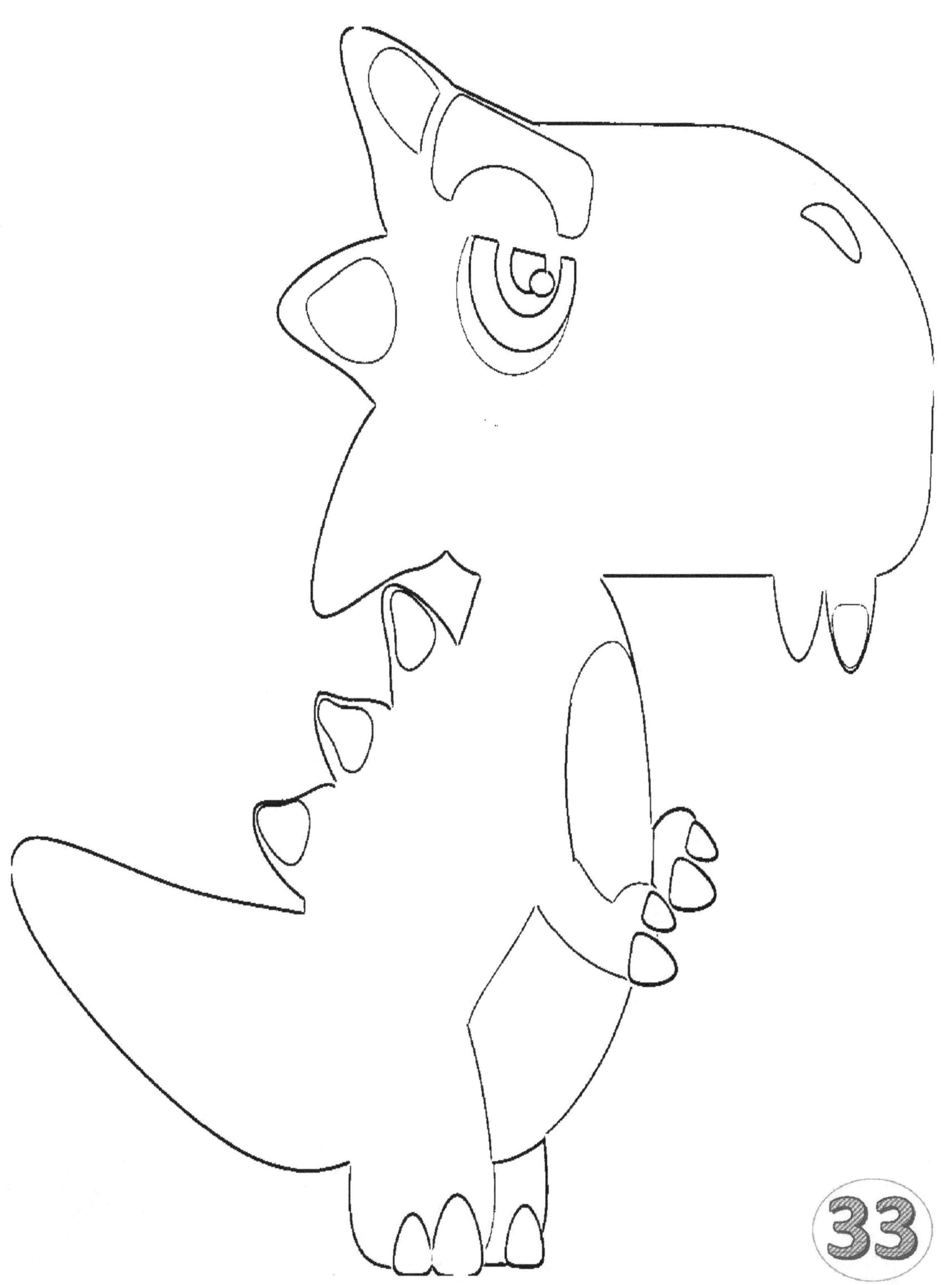

33

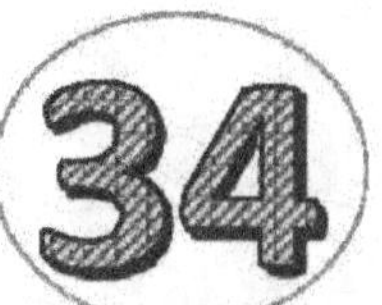

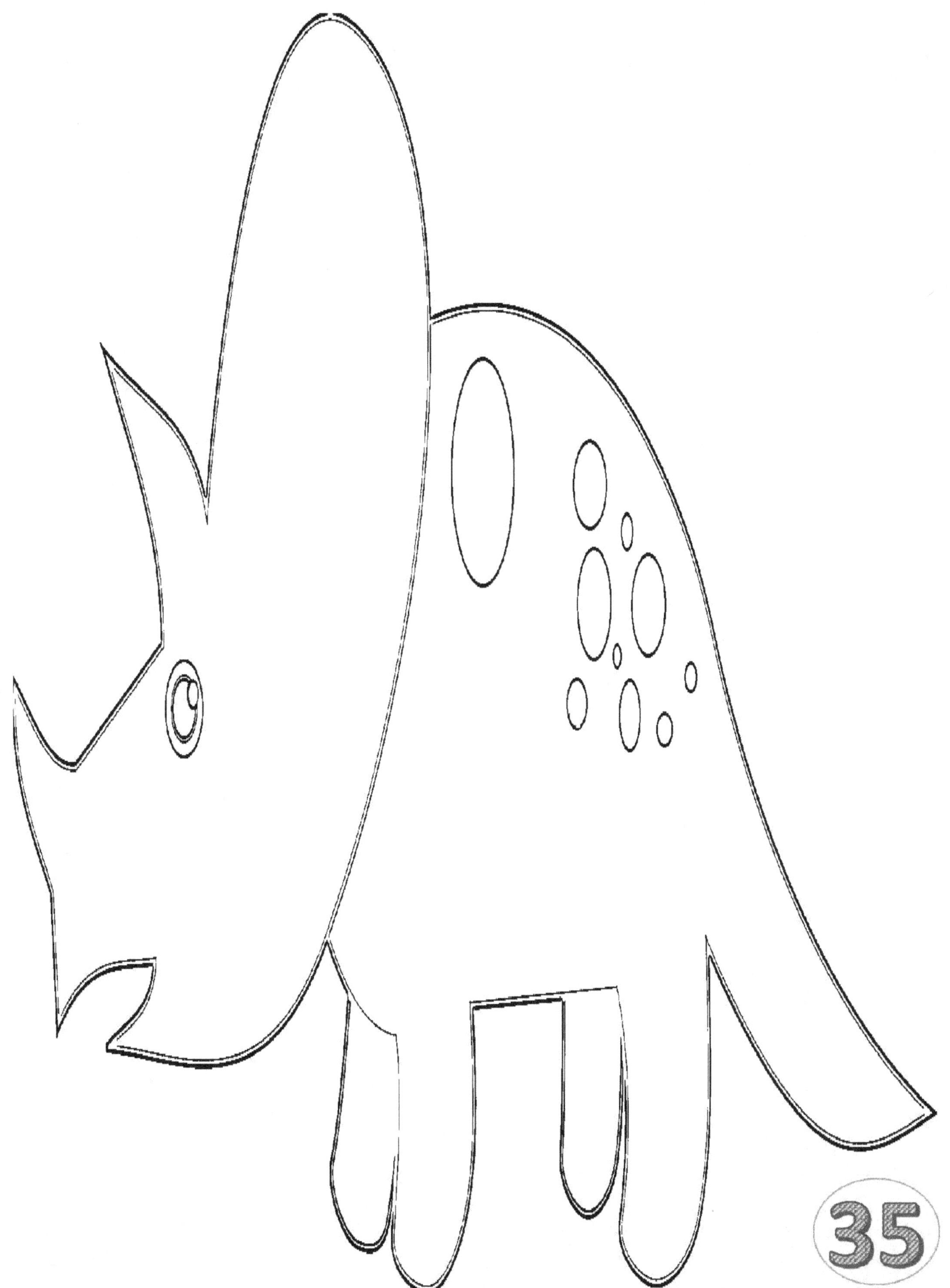

35

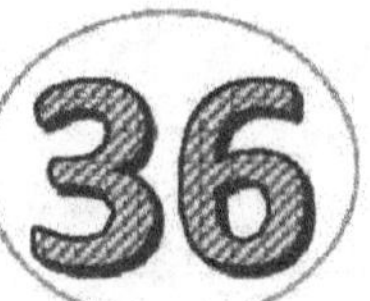

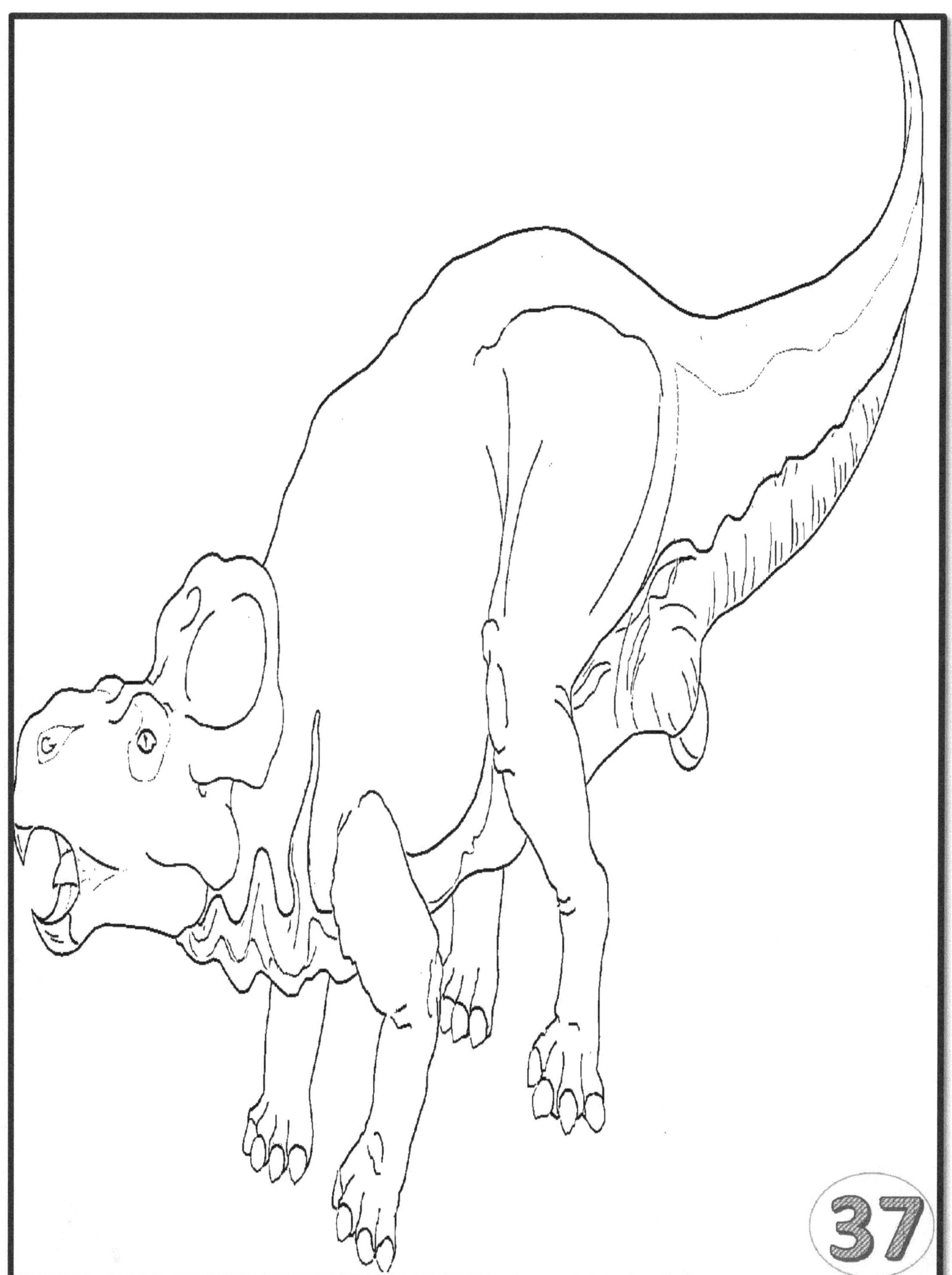

37

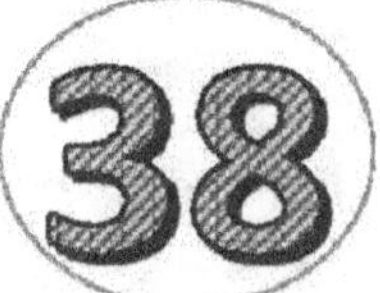

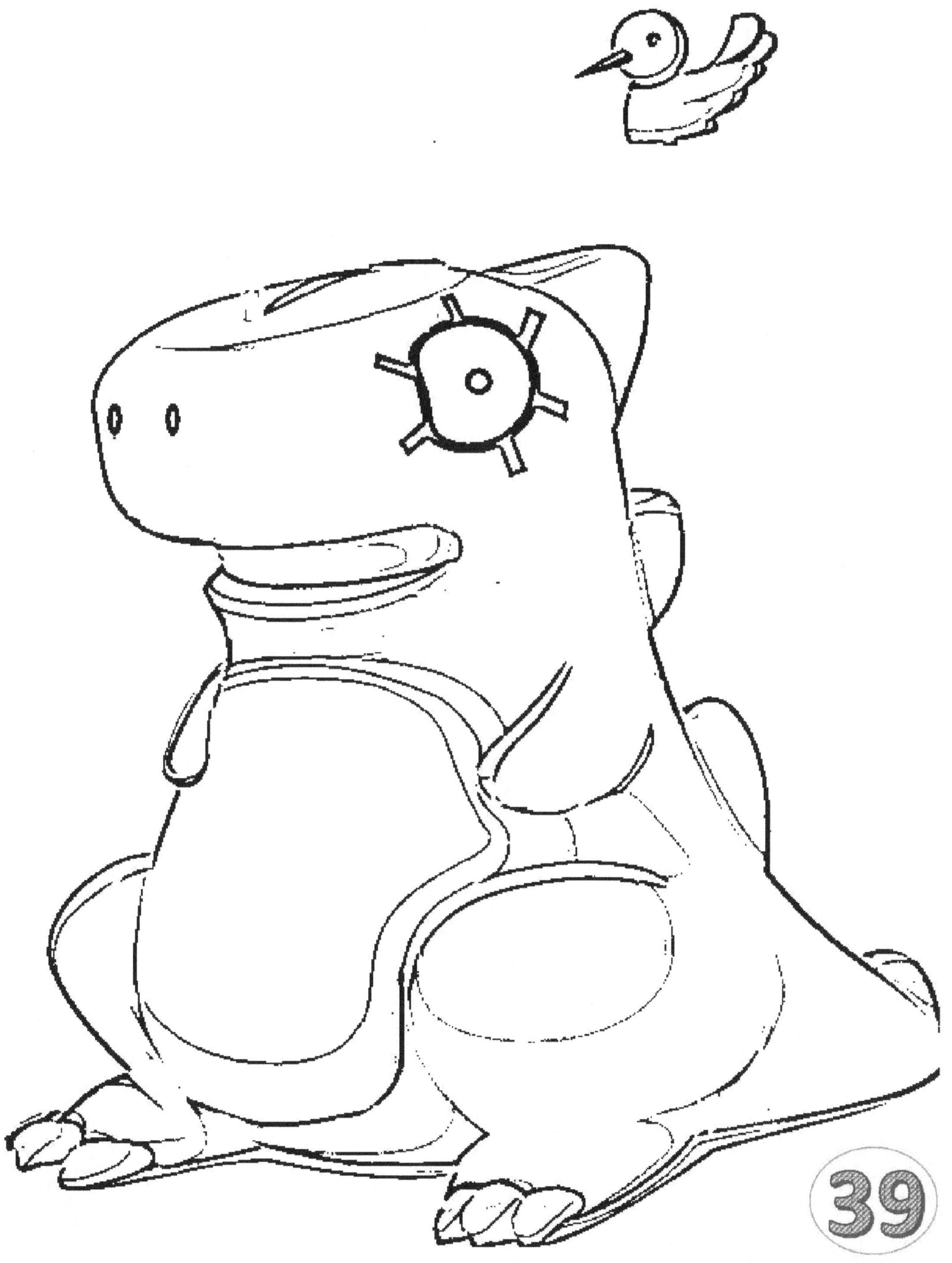

39

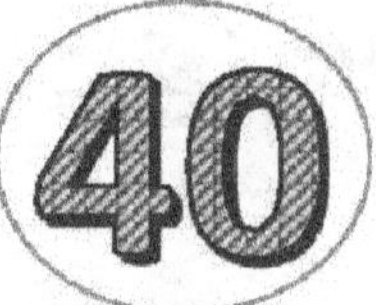

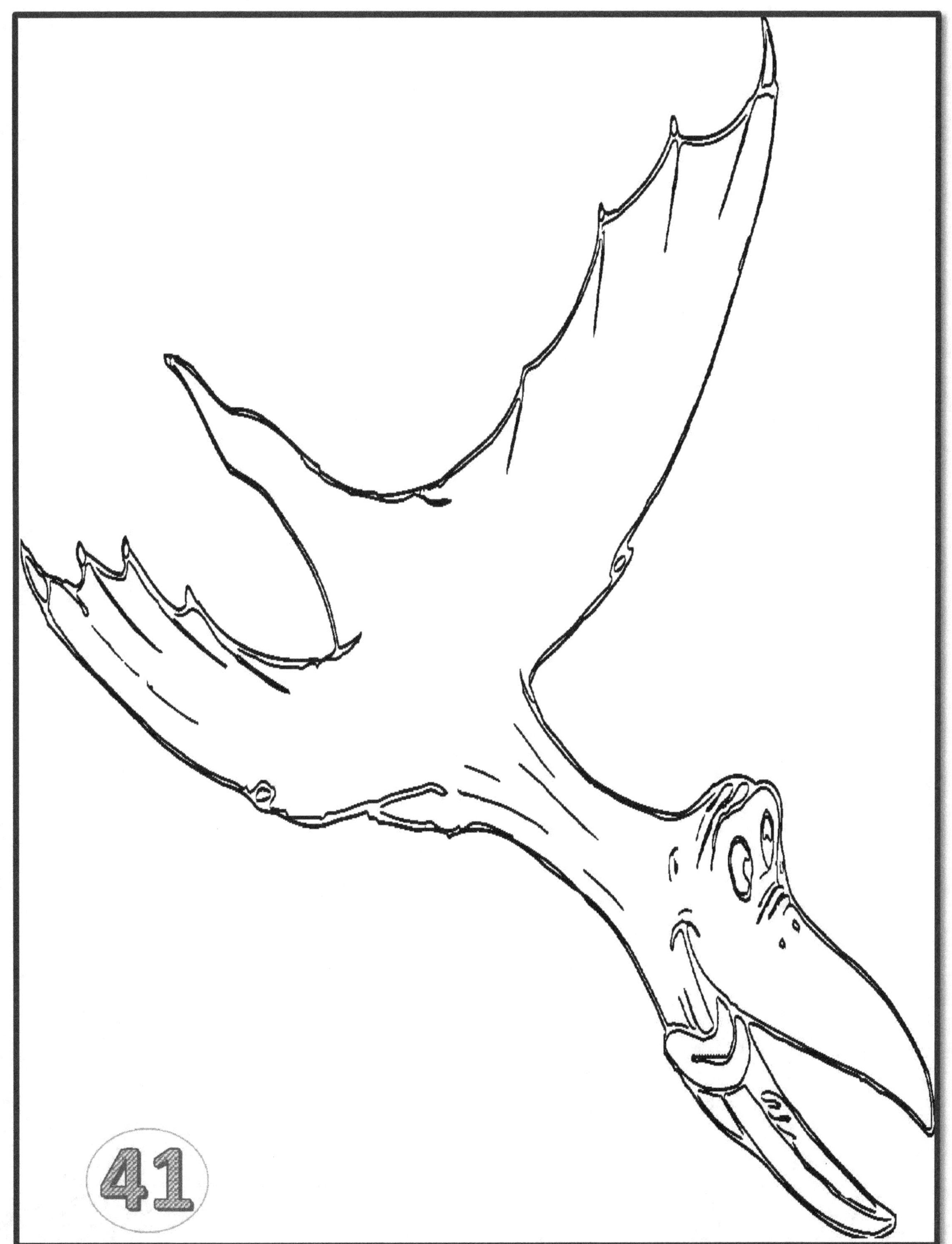

41

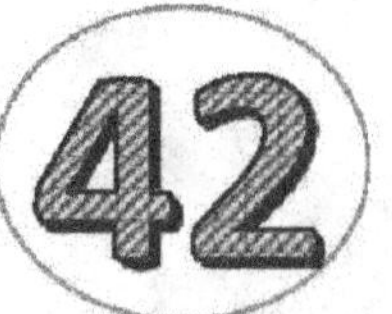

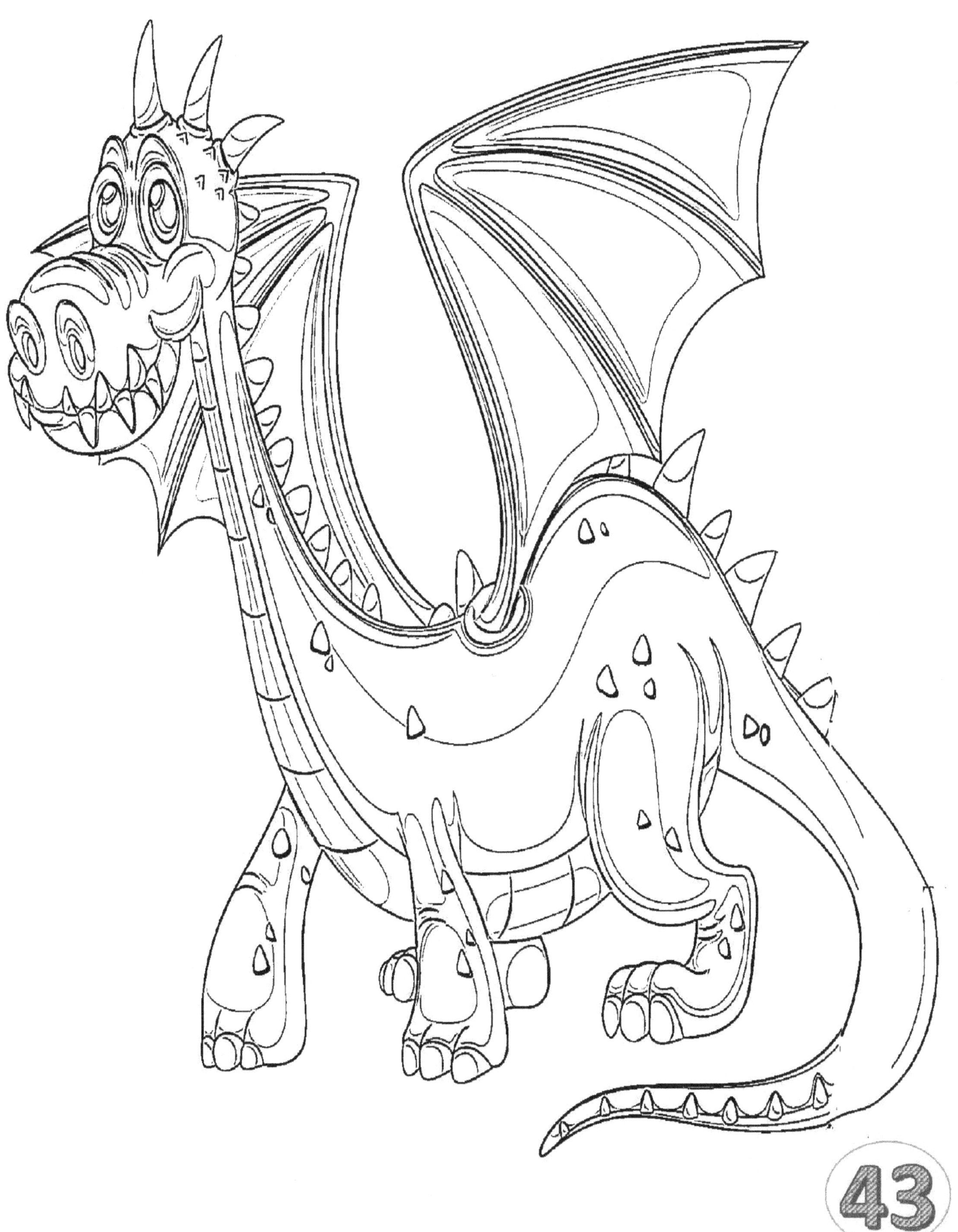

43

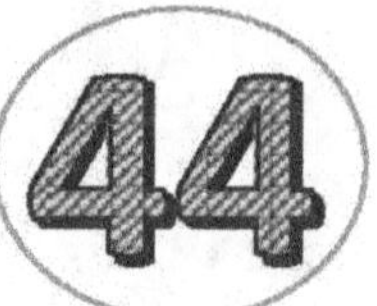

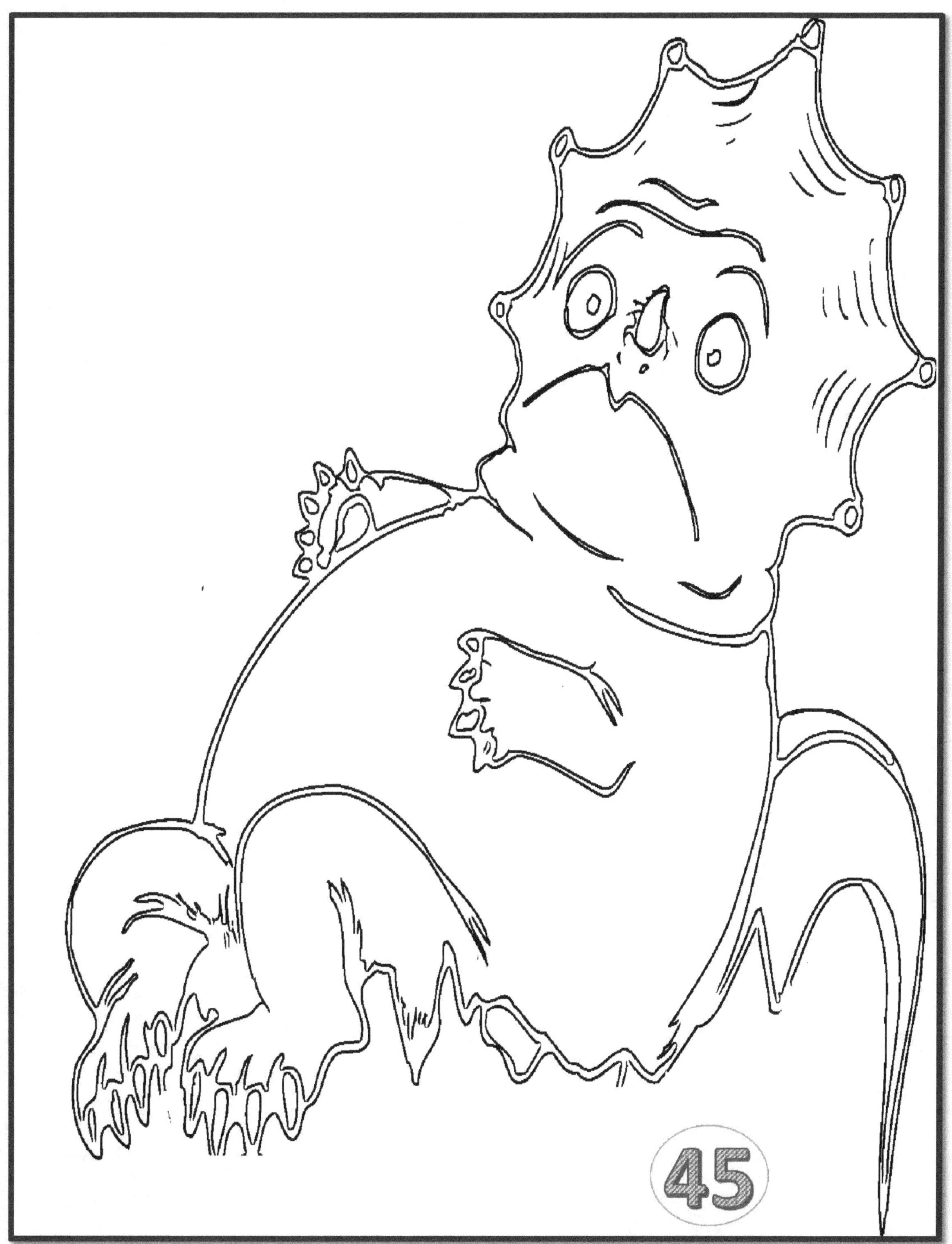

45

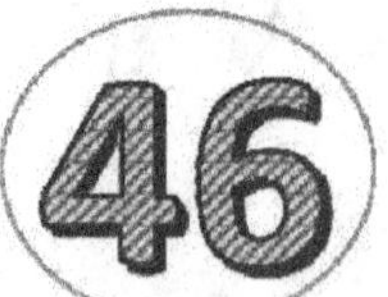